BilderMaus

Udo Richard

Geschichten vom kleinen Delfin

Illustriert von Sabine Kraushaar

LESELÖWEN
Das Original

www.leseloewen.de

FSC
www.fsc.org
MIX
Papier aus verantwortungsvollen Quellen
FSC® C021195

ISBN 978-3-7855-7458-4
Veränderte Neuausgabe 2012
1. Auflage 2012

Umschlagillustration: Lisa Althaus
Reihenlogo: nach einem Entwurf
von Angelika Stubner
Printed in Germany

www.loewe-verlag.de

Inhalt

Der kleine Delfin 8

Tobby und die Tierkinder 17

So richtig wild 25

Die traurige Seejungfrau 33

Der kleine Delfin

Tobby, der kleine , lebt mit vielen anderen  im .

Wunderschön ist es hier!

Am strahlend blauen 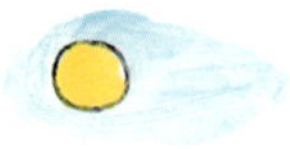 fliegen kreischend die .

Auf einer kleinen  liegen die  faul in der .

Und im  schwimmen

uralte  und riesige  .

Ab und zu kommt ein  vorbei.

Wie jetzt gerade!

Neugierig streckt Tobby den 

aus dem  . Ach ja, das 

kennt er schon. Die  darauf

wollen die  und 

beobachten.

Aufgeregt rudern die 

mit den . Sie haben den

kleinen  entdeckt. Viele

von ihnen halten einen 

in der .

„Na, dann mal los!“, sagt sich der

kleine . Elegant reitet er auf

der großen  vor dem .

„Oooh“, staunen die .

Dann schwingt sich Tobby aus

dem  und läuft rückwärts

mit der  über die  .

„Aah“, tönt es vom  .

Nun springt Tobby so hoch, als

wolle er die  berühren.

Platsch!, macht es, als er mit

dem 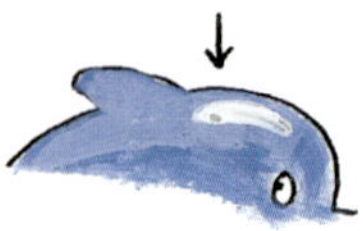 auf das  klatscht.

„Iiih!“, schreien die  .

Sie sind ganz nass geworden.

Tobby reißt den  auf, nickt mit dem  und lacht keckernd.

Die  stehen da mit

offenem  – dann müssen

sie auch lachen. So einen frechen

kleinen  haben sie noch

nie gesehen!

Tobby und die Tierkinder

Der kleine  stützt den 

in die  und denkt nach:

„Ich würde ja zu gerne mal mit

kleinen  spielen. Oder

mit kleinen ! Am liebsten

‚Fang den ‘ oder vielleicht

auch ‚ versenken‘!“

Der kleine  schwimmt los.

Als Erstes trifft er Kalli .

Aber komisch! Kalli mag gar

nicht ‚Fang den ‘ spielen.

Er zwackelt wild mit seinen .

Da schwimmt Tobby lieber schnell weiter. Als Nächstes sieht der kleine  Susi  auf einem  liegen. „Butschi-butschi bäh!“, macht Susi.

„Die ist ja noch ein !“, denkt der kleine  und schwimmt weiter. Dort, wo das  ganz tief ist, sieht Tobby Willi .

Aber leider ist selbst ein sehr

kleiner  viel zu groß

für einen kleinen .

Schließlich trifft Tobby Siggi .

Siggi balanciert einen roten 

auf der . „Cool!“, sagt Tobby.

„Darf ich auch mal probieren?“

„Klar!“, sagt der kleine .

Er patscht ihm den  mit

der  zu. Auch Tobby kann

den  balancieren – auf

seinem . „Toll!“, ruft Siggi

und klatscht in die .

Der kleine  und der

kleine  machen ab jetzt

immer alles gemeinsam.

Und ‚Fang den ‘ spielen?

Das tun sie auch!

So richtig wild

Die  lacht vom , ein frischer  kräuselt die  und Tobby fühlt sich stark wie ein . Der kleine  will heute mal so richtig wild sein. Er ballt die  und fletscht übermütig die 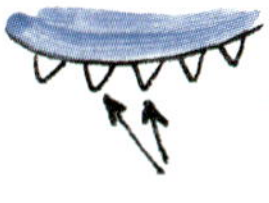.

Dann schießt er wie ein 

durchs . „Aus dem ,

ihr trüben !“, brüllt er. „Oder

wollt ihr mit mir kämpfen?“

Vergnügt gluckst der kleine 

vor sich hin. Da entdeckt er

auf einem  eine .

„He, du!“, ruft er ihr zu. „Willst

du mit mir kämpfen?“

Die  klappt erschrocken

ihre  zu. „Dumme  !“,

denkt der kleine  und

schwimmt weiter.

Da trabt von rechts ein  heran.

„Na, du kleines  ?“, poltert

Tobby. „Wie wär’s, wollen wir

ein bisschen boxen?“

Das  zieht den  ein

und galoppiert eilig davon.

Jetzt drückt Tobby noch mal

richtig auf die 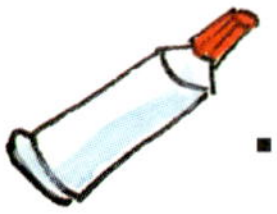. Wie eine 

saust er durchs .

Plötzlich türmt sich eine große

graue 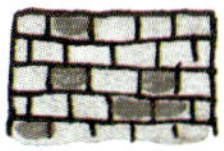 vor ihm auf.

Der kleine  kann gerade

noch bremsen. „Na, du ?“,

brummt ein riesiger .

„Willst du etwa mit mir kämpfen?“

„Äh, ich?“, piepst Tobby. „Lieber nicht!“ Und plötzlich ist der kleine  wie ein  im tiefen  verschwunden.

Die traurige Seejungfrau

Auf einem  sitzt eine kleine  in der  und weint bittere . Es ist Lissy, die  des . Tobby streckt den  aus dem 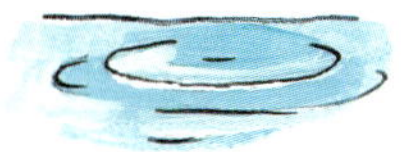.

„Was ist denn los, Lissy?“, fragt der kleine  besorgt.

„Ach, Tobby“, schluchzt die

kleine , „ich habe meine 

hier zwischen den  verloren.“

„Ich helfe dir suchen!“, ruft der

kleine  und ist schon in

den  verschwunden.

Er schwimmt zu dem alten ,

das bei den  gesunken ist.

Hier arbeitet Horst, der .

Er hat immer viel zu tun. Gerade

sägt er neue  zurecht.

„Hast du zufällig Lissys 

gesehen?“, fragt Tobby.

„Nee“, knurrt der  und

sägt weiter.

Glibby, die , weiß auch

von nichts. Sie schüttelt nur

traurig den  und wallt wie

ein  davon.

Plötzlich sieht Tobby etwas

im  blitzen. Da ist Ingo,

der . In seinen  hat

sich Lissys  verfangen.

„Danke!“, ruft der , als ihn

Tobby von der schweren 

befreit. „Danke! Danke!“, jubelt

auch die kleine  erleichtert.

Die  glitzert endlich wieder

auf ihrem  . „Ach, Tobby,

du bist der liebste  auf der

ganzen  !“, sagt Lissy.

Dann umarmt sie ihn und gibt

ihm einen dicken  .

Die Wörter zu den Bildern:

Delfin

Meer

Himmel

Möwen

Insel

Seehunde

Sonne

Wasser

Schildkröten

Wale

Schiff

Kopf

Menschen

Arme

Fotoapparat

Hand

Welle

Schwanz-
flosse

Wolken

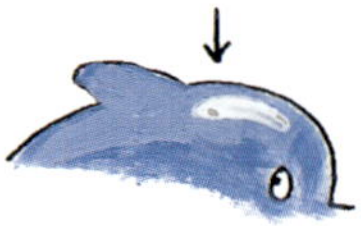

Rücken

Schnabel

Mund

Flossen

Krebs

Quallen

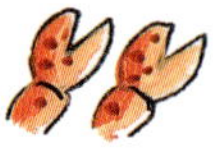

Scheren

Seestern

Felsen

Baby

Ball

Nase

Wind

Stier

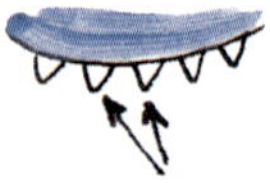

Zähne

Pfeil

Weg

Tassen

Muschel

Schalen

Gans

See-
pferdchen

Würstchen

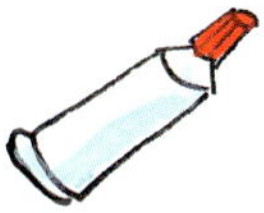

Tube

Rakete

Mauer

Garten-
zwerg

Blitz

Seejungfrau

Tränen

Königin

Krone

Sägefisch

 Masten

 Stacheln

 Geist

 Welt

 Seetang

 Kuss

 Seeigel

Udo Richard wurde 1966 in Halle/Westf. geboren. An den Universitäten Bamberg und Columbia, S.C., studierte er Germanistik mit den Schwerpunkten Literaturwissenschaft und Literaturvermittlung. Danach arbeitete er mehrere Jahre in der Redaktion eines großen Kinderbuchverlags. Seit Mitte 1999 schreibt und übersetzt er Kinderbücher.

Sabine Kraushaar zeichnete schon, als sie gerade mal einen Bleistift festhalten konnte. Ihr großer Traum war es, später Kinderbücher zu illustrieren. Sie studierte Grafik an der Kunstakademie in Maastricht. Danach machte sie sich selbstständig. Und 1995 ging ihr Kindheitstraum in Erfüllung.

BilderMaus

In der Reihe *Bildermaus* erzählen spannende Geschichten von den Abenteuern einer liebenswerten Figur, von einem tollen Schauplatz oder von den schönsten Festen des Jahres. Im Text werden alle Hauptwörter durch kleine Bilder ersetzt, die schon Kinder ab 5 Jahren beim gemeinsamen (Vor-)Lesen erkennen und benennen können. Mit der *Bildermaus* wird das Lesenlernen zu einem echten Vergnügen!